# Hermann Klencke

# Die Cultur des Maulbeerbaumes und die Zucht der Seidenraupe als Erwerbsmittel in Norddeutschland

Salzwasser

# Hermann Klencke

# Die Cultur des Maulbeerbaumes und die Zucht der Seidenraupe als Erwerbsmittel in Norddeutschland

1. Auflage | ISBN: 978-3-84607-480-0

Erscheinungsort: Paderborn, Deutschland

Erscheinungsjahr: 2015

Salzwasser Verlag GmbH, Paderborn.

Nachdruck des Originals von 1849.

Hermann Klencke

# Die Cultur des Maulbeerbaumes und die Zucht der Seidenraupe als Erwerbsmittel in Norddeutschland

Salzwasser

Die

# Cultur des Maulbeerbaumes

und die

# Zucht der Seidenraupe

als

# Erwerbsmittel in Norddeutschland.

Ein Rathgeber

für

## Regierungen und Privatpersonen,

welche sich für den Seidenbau, als norddeutschen Erwerbszweig, interessiren.

Nach naturwissenschaftlichen Grundsätzen und praktischen
Erfahrungen bearbeitet und auf äußere Veranlassung
herausgegeben
von

## Professor Dr. Klencke,

Mitgliede der Königl. Leopoldinischen Akademie der Naturforscher, der Königl.
Preuß. Akademie der g. Wissenschaften, der Kaiserl. Societäten in St. Peters-
burg und Wien, der Socitäten zu Athen, Anvers, Wetterau, Dresden, Ham-
burg, Göttingen; Ehrenmitgliede des ärztlichen Vereins im Regierungsbezirke
Düsseldorf, des Vereins der deutschen Thierärzte ꝛc.

---

Nordhausen, 1849.
Verlag von Adolph Büchting.

# Einleitung.

In einer an Erwerbsquellen mehr und mehr verarmenden, an müßigen Händen und Erwerbsbedürftigen aber überreichen Zeit ist es gewiß für Regierungen, für Arbeitgeber und die aus der Noth der Verhältnisse hervorgegangenen Vereine zur Vermittlung der Arbeit und des Broderwerbes nicht gleichgültig, auf einen Gegenstand hinzuweisen, welcher gerade auf deutschem Boden ein ergiebiges Terrain zur einträglichen Beschäftigung unzähliger Hülfs- und Arbeitsbedürftigen darzubieten im Stande ist. Es ist der Seidenbau.

Schon oft und von mancher Seite her hat man auf diesen Erwerbszweig aufmerksam gemacht, aber der Erfolg unrichtig unternommener Versuche, die offenbare Unwissenheit in Betreff des Gegenstandes selbst, die Unbeholfenheit der deutschen Hände und das Mißtrauen des deutschen Charakters gegen alles Neue, was der Sohn nicht vom Vater geerbt hat, wie endlich das Vorurtheil, welches so gern am Alten klebt — alle diese Ursachen haben dem Seidenbau in Deutschland, namentlich in den norddeutschen Ländern, keine Aufnahme oder wenigstens kein Resultat zu Theil werden lassen. — Daß aber der Seidenbau in Norddeutschland ein einträgliches Erwerbsmittel werden und viele Hände beschäftigen kann, daß gerade solche Personen dadurch einen Unterhalt zu finden vermögen, welche zu schwerer Arbeit ungeschickt oder körperlich unfähig sind, daß der Seidenbau in Armen- und Pflegehäusern ein sicheres

Mittel zur Vermehrung des Stiftungsfonds zu werden im Stande ist — daß es eine ebenso nützliche und zeitgemäße als einträgliche und auf die sittlichen Zustände der Armen hinwirkende Unternehmung sein würde, wenn man Armencolonien zum Seidenbau anlegen wollte — dies ist eine unzweifelhafte Thatsache, die sich schon im Voraus in den befriedigendsten Resultaten berechnen läßt.

Um die müßigen Hände zu bethätigen, um die Aufmerksamkeit des frivolen Geistes der Proletarier auf einen nützlichen, friedlichen Gegenstand zu leiten, haben manche Staaten bereits vielfache, und nicht selten gefährliche, immer aber erfolglose Versuche gemacht. — Wie einfach und von durchaus reellem Nutzen würde es aber sein, wenn der Staat oder für Gemeinwohl sich bethätigende Privatpersonen sich bereitwillig fänden, den Seidenbau zu cultiviren und gerade den ärmeren Klassen des Volkes die Zucht und deren Produkt in die Hände gelangen ließen. — Unzählige arme Familien würden hierdurch in unseren Gegenden einen Erwerbszweig erhalten und dieser würde einträglich und sicher sein, wenn nicht, (wie es leider bei einigen verunglückten Versuchen dieser Art im Kleinen geschehen ist) den armen Leuten allein die Produktionsmittel des Seidenbaues, ohne irgend genügenden Unterricht, in die Hände gegeben werden, sondern wenn zugleich ein Mann von vollständiger Sachkenntniß die Leute belehrt, ihre Zucht überwacht und so allmählig im Lande tüchtige Seidenbauer heranbildet.

Diejenigen Stimmen, welche gegen den Seidenbau als norddeutsches Erwerbsmittel laut werden möchten oder bereits ihre gegentheilige Ansicht ausgesprochen haben, geben zu erkennen, daß sie entweder von den naturwissenschaftlichen Bedingungen des Seidenbaues nicht das Mindeste kennen, oder — wenn sie von eigenen Erfahrungen reden — daß sie die Versuche durch eine ganz widersinnige Behandlung des producirenden Thieres selbst vereitelt haben oder endlich — falls sie im Allgemeinen und a priori den Seidenbau in Norddeutschland verdächtigen — daß sie nur in dem Miß-

trauen gegen das Neue, ein Vorurtheil gegen das Un-
bekannte oder Mißverstandene, ihre ächt deutsche Na-
tionalschwäche an den Tag zu legen wissen.

Es haben einige Personen die Meinung geäußert,
daß Norddeutschland für die Zucht der Seidenraupe kein
geeignetes Klima darbiete und daß somit der Seidenbau selbst zu keinem einträglichen Resultate gelangen
könne. Jedenfalls ging eine solche Meinung niemals
von einem Sachkundigen, am wenigsten von einem praktischen Naturforscher aus, leider aber war sie oft Aus-
fluß angesehener weitgreifender Laien in diesem Gebiete
und so entstand selbst bei mancher Regierung ein Mißtrauen gegen den anfänglich beachteten Seidenbau, das
nur zu bald in völlige Gleichgültigkeit überging.

Da es aber, bei der jährlichen Zunahme hülfloser
Familien, Pflicht einer jeden Regierung und deren volks-
wirthschaftlichen Ausschusses ist, alle Hülfsquellen, welche
das Land in seinen Naturmitteln und künstlichen Produk-
tionen darzubieten im Stande ist, für die Volkswirth-
schaft nutzbar und somit zu einem flüssigen Erwerbs-
verkehre zu machen, so ist es auch Pflicht der Regierung, die Cultur eines Naturwesens zu fördern, das
durch seine natürliche Produktion einen im Handel gang-
baren und werthvollen Stoff in die Hände des Culti-
vateurs bringt.

Die immer mehr von Sachkundigen ausgehende
Anregung und Aufforderung zum Seidenbau als neuen
Zweig des norddeutschen Erwerbes hat in neuester Zeit,
(durch die Noth einerseits und durch die Verlegenheit
des Staates, Arbeit zu schaffen, andererseits angestachelt)
mehre Personen zu öffentlichen Schritten bestimmt, um
den Seidenbau im nördlichen Deutschland zu cultiviren
und einige Regierungen haben sich nicht nur geneigt
gezeigt, diesen neuen Erwerbszweig zu unterstützen, sondern auch hier und da neben den dargebotenen Mitteln
ein Interesse dafür im Volke anzuregen gesucht. Wo es
aber darauf ankommt, ein Resultat aus der Benutzung von
Naturprozessen zu erzielen, da ist es unumgängliche Be-

dingung, die Naturthätigkeit vollständig in ihrer Wirk-
samkeit und Produktion gewähren zu lassen und alle
diejenigen Bedingungen zu erfüllen, welche sie normal
verlangt. Deßhalb führten alle halben Maßregeln beim
Cultiviren der Seidenraupe niemals zum erwünschten
Resultate und die Ursache des mißglückten Versuches,
die doch einzig und allein in der halben oder wieder-
sinnigen Behandlung lag, schob man immer gern auf
die Sache selbst und man suchte diese selbst zu verdächtigen, indem man dem norddeutschen Klima Schuld
gab, wenn die Bedingungen zur normalen und einträglichen Cultur der Seidenraupe und deren Nahrungs-
pflanze nicht erfüllt worden waren. —

Während in einem Staate die Wichtigkeit des
Seidenbaues erkannt zu sein scheint, indem die Regierung auf Vorstellung Sachverständiger den Befehl er-
theilt, Maulbeeranpflanzungen anzulegen, scheint manche
andere Regierung wenig Einsicht von diesem Erwerbs-
zweige genommen zu haben, indem sie, ganz ohne drin-
genden Grund, vollständig ausgebildete Maulbeerbäume
umhauen läßt und die Versuche von Privatpersonen
ebenso wenig unterstützt, als sie den rathgebenden Vor-
schlägen einzelner Sachkundigen irgend Gehör leihet. —

In Braunschweig hat man in neuester Zeit ange-
fangen, das Publikum für den Seidenbau zu interessiren, indem Privatpersonen, denen das Gemeinwohl am
Herzen liegt, es unternommen haben, mehren Hülfsbe-
dürftigen die Anlage zur Seidenwürmerzucht darzubieten
und, um selbst Erfahrung darin zu erhalten, eigene Zucht-
lokale angelegt haben. Auch die Behörde scheint diesem
Gegenstande die gewünschte Aufmerksamkeit zu zollen,
indem Maulbeeranpflanzungen angelegt worden sind,
welche zum Versuche dienen sollen. — Wenn aber der-
gleichen Versuche irgend ein günstiges Resultat erzielen
sollen, so ist es erforderlich, daß die Behandlung der
Zucht ganz und gar hervorgeht aus der vollkommensten
Kenntniß von der Sache und der Natur des Thierlebens selbst, und daß dabei alle Bedingungen erfüllt wer-

den, welche die Natur zur Produktion des erzielten
Stoffes gesetzmäßig erfordert. Aus diesem Grunde
glaubte ich nützlich werden zu können, indem ich in
dieser Schrift eine ausführliche, theoretische und
praktische Anweisung zum Seidenbau gebe, da-
mit, ein Jeder, der sich damit beschäftigen will, auf rich-
tige Weise und mit Einsicht verfahren und somit auch ein
günstiges Resultat für den Erwerbszweck erreichen könne. Ich habe daher folgende Absicht zu erreichen gesucht: Erstens wollte ich Alle, sowohl Einzelne als
Behörden, durch wissenschaftliche Erfahrungssätze völlig
überzeugen, daß Norddeutschland ein durchaus für den
Seidenbau günstiges Klima und Terrain darbiete und
daß alles Mißtrauen gegen das erfolgreiche Resultat
nur in Unkenntniß oder falscher Behandlung seinen Grund
habe. — Zweitens wollte ich alle Beförderer und Unternehmer des Seidenbaues durch den Inhalt dieser
Schrift in den Stand setzen, sich zum Zwecke eigener Be-
lehrung wie zum Zwecke der Ueberwachung der mit dem
Seidenbau beauftragten, armen Familien, völlig zu in-
struiren und somit den halben Maßregeln und den
verunglückenden Resultaten in's Künftige vorzubeugen. —
Drittens wollte ich aber auch den in Zukunft Seidenbau treibenden Familien ein verständliches, rathge-
bendes Buch in die Hände geben, das sie nicht nur über
die praktische Behandlung unterrichtet, sondern auch
ihnen ein Interesse an der Natur selbst zu erwecken im
Stande sein möchte, einen Natursinn, der gewiß gerade
in den ärmeren und verwahrloseren Klassen seine mora-
lische Rückwirkung nicht ungeäußert lassen wird.

Um nun diese dreifache Absicht zu erreichen, habe
ich meine Darstellung in zwei Abtheilungen zu bringen,
indem ich nämlich zuerst über die Cultur des Maulbeerbaumes selbst alles Dasjenige mittheile, was die Erfahrung und die Wissenschaft zur Wahrheit gemacht haben und daß ich alsdann nach gleichen Grundsätzen das
Leben und die Zucht der Seidenraupen und die Bekannt-
schaft mit ihrem Produkte und dessen natürlichen Be-

dingungen ausführlich beschreibe. Diese Zwecke konnten nur durch allverständliche Sprache und durch Billigkeit der unterrichtenden Schrift selbst auf gemeinnützige Weise erfüllt werden.

Soll der Seidenbau aber wirklich in dem norddeutschen Volke als Erwerbszweig heimisch gemacht werden, dann reicht es nicht hin, daß einzelne Privatpersonen oder selbst Behörden Maulbeerpflanzungen anlegen und sie dem Gebrauche der Seidenwurmzüchter überlassen — es reicht nicht hin, daß gewisse, auf Erwerb ausgehende Familien die Eier des Thieres geliefert bekommen und diese nun ihr Heil damit versuchen dürfen; — diese Experimente führen zu keinem Ziele und wo es auf diese Weise geschah, hatte man nur darauf hingewirkt, das Vertrauen auf die Sache selbst zu schwächen. Gerade beim Seidenbau kömmt es nicht allein auf guten Willen, sondern ganz besonders auch auf Einsicht und Kenntniß von den Bedingungen, der Natur- und Lebensanforderungen des Thieres an, welches produciren soll, denn diese Production ist nur allein das Resultat eines völlig kräftigen und normalen Thierlebens. — Mit der Bienenzucht ist es ja ebenso, denn Niemand kann seine Bienen erhalten und das Produkt des Thieres, den Honig, reichlich gewinnen, wenn er nicht die Bedingungen kennt, welche den Bienenstaat erhalten und bethätigen. — Darum ist es bei der ungleich empfindlicheren Seidenwurmzucht durchaus nöthig, wenigstens im Anfange und so lange, bis dieser Erwerbszweig im Volke heimisch geworden ist, daß von der Regierung gewisse Seidenbau-Colonien angelegt und unter Aufsicht eines sachkundigen Inspectors gestellt werden. Gelangt in solchen Colonien, wo viele Personen beschäftigt und gewissermaßen für den Seidenbau angebildet werden können, der Betrieb zu einem günstigen Resultate, woran gar nicht zu zweifeln ist, dann werden sich schon zahlreiche Personen finden, welche aus freiem Antriebe und in der Noth, irgend einen Gelderwerb zu erhalten, den Seidenbau mit Lust und Nutzen cultiviren und es wird den Armenbehörden dann eine große Zahl von Personen entfremdet, die gegenwärtig doch keinen Handverdienst haben. —

In Braunschweig beschäftigen sich seit einiger Zeit mehre Personen aus den gebildeten und wohlhabenden Volksklassen mit der Zucht der Seidenraupe, theils aus dem Grunde, um selbst Erfahrung und Einsicht von der Sache zu gewinnen, theils, um durch ihre Versuche und deren Erfolge Vertrauen für die Sache im Volke zu erwecken, ein Unternehmen, welches nur lobend anerkannt werden muß und das gewiß mit der Zeit, im Braunschweigischen wenigstens, von den einträglichsten Folgen für das Gemeinwohl ärmerer Familien werden wird.

Möchten nun Regierungen und Privatpersonen den Gegenstand dieser Schrift richtig würdigen und namentlich in einer Zeit, wo jede neue Erwerbsquelle erwünscht kommen und sorgfältig gefördert werden muß, ihre Aufmerksamkeit einem, in seinen Resultaten sicheren und durch viele Erfahrungen erprobten Unternehmen schenken.

— So viel glaubte ich im Allgemeinen der Sache selbst vorausschicken zu müssen und ich werde nun im Folgenden die Seidenraupen-Zucht selbst und ihre Bedingungen weiter darstellen. —

# Die Cultur des Maulbeerbaumes.

Der Maulbeerbaum (Morus) ist die Welt der Seidenraupe und überall da wo diese Pflanze gedeiht, da findet auch die Seidenraupe ihre vollständigen Lebensbedingungen. Um deßhalb urtheilen zu können, ob die Zucht der Seidenraupe in irgend einem Lande und dessen klimatischen Verhältnissen möglich wird oder nicht, braucht man nur zu wissen, ob der Maulbeerbaum dort sein Fortkommen findet, denn dieselben Bedingungen, welche für das Gedeihen dieser Pflanze durch das Klima im Allgemeinen erfüllt werden müssen, sind zugleich die Lebensbedingungen der Seidenraupe selbst. —

Der Maulbeerbaum gehört zu den sogenannten Milch-Pflanzen, deren Samen ein reichliches Eiweiß enthält. Man kennt von ihm etwa vierzehn Arten, von denen der schwarze Maulbeerbaum (Morus nigra), der weiße (Morus alba) und der rothe (Morus rubra) die bekanntesten sind und die ihren Unterscheidungsnamen durch die jedesmalige Farbe der Früchte erhalten haben. Diese Früchte selbst (Maulbeeren) gleichen in ihrer äußeren Form den Brom- oder Himbeeren, haben einen süßlich-säuerlichen, angenehmen Geschmack und enthalten in ihren chemischen Bestandtheilen: Apfelsäure, Citronensäure, Zuckerstoff und eine reichliche Menge Schleim. — Der schwarze Maulbeerbaum wird 20—30 Fuß hoch, und seine Blätter sind theils eirund, theils herzförmig, theils lappig, theils ungetheilt, eingeschnitten oder gesägt, immer aber auf beiden Seiten rauh. —

Der weiße Maulbeerbaum ist dem schwarzen ähnlich, erreicht aber nur die Höhe von 15 — 20 Fuß, und seine weit zarteren Blätter sind einfach, ungleich gezähnt, glatt und von allgemeiner schief-herzförmiger Gestalt. Der rothe Maulbeerbaum trägt die allgemeinen Charaktere der vorigen Arten, nur ist sein Holz besonders dauerhaft und seine Früchte haben den angenehmsten Geschmack. In den neueren Zeiten hat man zum Zwecke der Seidenraupenzucht eine besondere Art des Maulbeerbaumes nach Europa eingeführt, die der französische Seefahrer Perotot auf den philippinischen Inseln vorfand und die ihren Namen Morus multicaulis von ihrer strauchartigen, sich stark am Boden verzweigenden Gestalt erhielt. Eben ihrer Blätter wegen, die bei ihrer zarten Beschaffenheit zugleich eine bedeutende Größe haben, glaubte man diese Art für besonders geeignet zur Fütterung der Seidenraupen und cultivirte ihn zu diesem Zwecke vielfältig in Europa, indessen — wie später beschrieben wird, ohne den gehofften Erfolg und ohne Bewährung der von ihr erhobenen Anpreisungen. —

Die Maulbeerbäume wachsen in Persien und China wild, wurden aber schon in früherer Zeit nach Südeuropa und nach Deutschland hin verpflanzt, weil man sie schon früh als Mittel zum Seidenbau werth hielt; daher war der Maulbeerbaum bereits den alten klassischen Völkern bekannt und in Deutschland kannte ihn schon die Aebtissin Hildegard, welche 1180 starb.*)

Der weiße Maulbeerbaum, der durch die in Frankreich und Italien mit ihm unternommene Cultur in eine Anzahl Abarten veredelt worden ist, hat sich nun überall durch die Erfahrung als derjenige dargestellt, welcher am besten in Deutschland zu cultiviren ist und dessen Laub das vortrefflichste Futter für die Seidenraupe liefert. Der schwarze Maulbeerbaum ist dazu weniger geeignet, denn die darauf gefütterten Raupen liefern immer nur eine mittelmäßige Seide, was ein

---

*) Physica, s. collectio medicaminum. Argent. 1544.

Beweis ist, daß die Raupe durch denselben nicht ihre günstigen Lebensbedingungen erfüllt findet. Was die neuere, viel verzweigte Art der Pflanze (Morus multicaulis) betrifft, welche, wie bereits oben gesagt wurde, auf den philippinischen Inseln angetroffen ist, so hat sie vor dem weißen Maulbeerbaum nicht nur keine Vorzüge, sondern steht diesem in mancher Hinsicht an Werth und Nutzen nach, indem sie, obgleich ihre am Boden sich vielfach verbreitenden Zweige handgroße, zarte Blätter treiben, doch weit empfindlicher gegen Kälte ist, als der weiße, und indem die Blätter selbst durch jeden Hagelschlag oder Platzregen leicht beschädigt werden. —

Der weiße Maulbeerbaum, der schon zu den Zeiten des Justinian in Griechenland zum Zwecke der Raupenfütterung cultivirt wurde, der jetzt auch im südlichen Amerika mit großem Eifer angebaut wird, findet nicht nur in Deutschland, namentlich Norddeutschland, sein vollkommen günstiges und zusagendes Klima, sondern er gedeiht gegenwärtig auch in Schweden und Norwegen, wo er immer mehr verbreitet wird. Die Cultur dieses Baumes ist nicht allein für den Seidenbau von Bedeutung, das Holz selbst ist sehr nutzbar zu feinen Drechslerarbeiten und aus dem Baste der einjährigen Triebe kann man nicht nur ein sehr schönes, weißes Papier verfertigen, sondern auch sehr haltbare und dauerhafte Stricke daraus drehen. —

Kann man bei den Anpflanzungen dieses Baumes eine Auswahl des Bodens treffen, wo es die Oertlichlichkeit erlaubt, so wähle man besonders sandigen, lockeren und tiefen Lehmboden; in diesem gedeiht er ganz vorzüglich, und um so mehr, wenn dieser Boden mit etwas Kalk vermischt ist. Langjährige Versuche in Deutschland haben das Ergebniß geliefert, daß ein fester, harter Lehm oder Thon für den Maulbeerbaum durchaus nicht günstig, und daß ein reiner Sandboden im Falle der Noth dann noch vorzuziehen ist, denn der Baum verträgt niemals einen sumpfigen und nassen Standort. Kann man also das Anpflanzungsterrain bestimmen,

ohne von lokalen Einflüssen behindert zu werden, dann
wählt man am geeignetsten frei liegende, der Sonne
ausgesetzte Anhöhen oder Bergabhänge, oder in Er-
mangelung derselben, eine freiliegende Ebene — denn
auf beiden Standorten treibt er ein gesundes, üppiges
und der Seidenraupe zusagendes Laub. — Wer es unter-
nimmt, eine Maulbeeranpflanzung auf Terrassen anzulegen, wie man die Obstbäume zu pflanzen pflegt, der
wird, wenn er die Fronte der Terrassen gegen Südost
oder Südwest richtet, von der Cultur dieses Baumes
weit mehr Nutzen erzielen können als durch eine gleiche
Obstbaum-Anlage.

Man hat vor einigen Jahren geglaubt, nach der
Art, wie man Obstbäume pfropft und veredelt, auch
den Maulbeerbaum durch Pfropfen mehr zu cultiviren
und man hat allerdings nicht nur eine größere und
wohlschmeckendere Frucht, sondern auch größere, massi-
gere, aber auch wässrigere Blätter dadurch erhalten.
Diese Blätter haben sich aber zum Zwecke der Raupenfütterung als nicht besonders empfehlenswerth gezeigt
und die Versuche, welche man in den großen Anpflanzungen der französischen Seidenbauer mit dem Laube
gepfropfter Maulbeerbäume unternommen hatte, er-
gaben, daß die Raupen durch diese fleischigen und an
Wassergehalt reichen Blätter ein Uebermaß an wässrigen Stoffen in ihrem Körper erhalten, den sie bei
der gewöhnlichen Temperatur nicht hinreichend wieder
verdunsten können und wodurch sie in einen siechen Zustand gerathen, der sich recht deutlich darin erkennen
läßt, daß sie einen schlechten Faden zu ihrem Gespinnste
produciren. Es ist thatsächlich nachgewiesen, daß die zeit-
weilige Verschlechterung der Seide in Frankreich allein
ihren Grund in der Fütterung mit dem Laube gepfropfter Maulbeerbäume hat und man ist auch schon
in Frankreich davon zurückgekommen, um eine bessere und
werthvollere Seide zu gewinnen.*)

---

*) Nach den Mittheilungen französischer Sachkundiger soll

Will man nun den Maulbeerbaum cultiviren, so hat man nur im Anfange eine große Sorgfalt nöthig, denn da er zu den lebenskräftigsten Pflanzen gehört, so hilft er sich sehr schnell selbst fort und gedeiht zusehends, wenn er einmal einen festen und guten Standort erhalten hat. Die größte Sorgfalt hat man daher an das junge Pflänzchen zu verwenden. Die leichteste und bequemste Vermehrung geschieht durch Stecklinge, besonders Ableger, die bald angehen und fortwachsen, da sie schon aus ein- und zweijähriger Rinde schnell wachsende und kräftige Wurzeln treiben. Wenn man im Herbste des vergangenen Jahres Triebe von etwa 16—19 Zoll Länge abgeschnitten und den Winter über in der Erde aufbewahrt hat, so kann man sie im März, ebenso wie die erst im März abgeschnittenen Triebe, dergestalt in einen passenden Boden einstecken, daß etwa zwei Triebaugen frei über der Erde bleiben, und man kann versichert sein, daß sie gut und schnell angehen. Hat ein solcher Strauch nun im selbstständigen Wachsthume eine Höhe von 10—12 Zoll über den Boden erreicht, dann kann man schon die untersten Zweige desselben in den Boden versenken und nach zwei Jahren bereits wieder als Ableger verpflanzen. —

Ist man gezwungen oder gewillt, den Maulbeerbaum aus Samen zu ziehen, so wähle man einen lockeren Gartenboden, säe den Samen in Reihen aus, die etwa 8—12 Zoll von einander entfernt sind — und wenn das Pflänzchen sich aus der Erde hervorgearbeitet hat, so gebe man ihm einen genügenden Schutz gegen kalte oder heftige Windstriche und gegen die zu große Sonnenhitze. Stehen die Pflänzchen durch zu nahes Aufgehen des dick eingestreuten Samens zu dicht, so versäume man nicht, die weniger kräftigen Pflänzchen auszuziehen,

---

der Fütterungswerth des Laubes gepfropfter Maulbeerbäume, im Vergleiche mit dem Laube der wilden Pflanze, dahin sich ergeben, daß 12—13 Centner Laub der letzteren 20—22 Centner der ersteren völlig gleichzuschätzen sind.

um den stehenbleibenden mehr Raum und Entwickelung
zu verschaffen. — Im folgenden Jahre ist es dann erforderlich, die einzelnen Pflanzen in einen Standort zu
bringen, wo sie bis zum vierten oder fünften Jahre
bleiben können, und es ist daher nicht zu versäumen,
dieselben weit genug von einander entfernt zu verpflanzen, damit sie sich in der Entwickelung der nächsten Jahre
nicht gegenseitig beschränken und stören. — Vor Allem
hat man sich aber hierbei vor Wurzelbeschädigungen zu
hüten, denn gegen diese ist der Maulbeerstrauch äußerst
empfindlich, und hat er einmal eine Wurzelbeschädigung
beim Umpflanzen als Sämling erlitten, so kann er sich
zwar unter günstigen Einflüssen noch einige Jahre hin-
halten, verkümmert aber dann allmählig und bleibt nutz-
los. — Diese Wurzelbeschädigungen kommen leicht vor,
wenn man unachtsam oder roh beim Ueberpflanzen ver-
fährt, oder auch, wenn man die jungen Pflänzchen auf
einen tief umgrabenen, sogenannten rajolirten Boden
gebracht hat und sie später wieder versetzen will. In
solchem Boden nämlich bekommen die jungen Pflänzchen
sehr lange, tieflaufende Wurzeln, ohne große Seiten-
verzweigung und laufen beim Ausheben aus der Erde
große Gefahr, abgerissen oder doch zu heftig gezerrt zu
werden. Aus diesem Grunde ist der von manchen Personen ausgeübte Gebrauch, beim Verpflanzen der Säm-
linge die Wurzeln vor dem neuen Einsetzen zu beschneiden,
durchaus zu mißbilligen indem dadurch nur schwächliche
Bäume erzogen werden, die nach wenigen Jahren zu
verkümmern pflegen. Die Cultur des Maulbeerbaumes
aus Samen ist eine sehr erfolgreiche und man kann
aus einem einzigen Loth Samen eine bedeutende Nach-
kommenschaft durch mehre Generationen erzielen, denn
da nach den Angaben praktischer Leute ein Loth Samen
circa zehntausend Pflanzen liefert und diese, strauch-
artig gezogen, eine große Anzahl Stecklinge abgeben, so
läßt sich daraus eine bedeutende Maulbeerpflanzung er-
ziehen. Es ist dabei erforderlich, daß man eine genügende
Anzahl von Pflanzen als Muttersträucher cultivirt, in-

dem man sie weit genug von einander entfernt einsetzt, um ihnen den nöthigen Raum zur Zweigbildung zu geben. Nach dem Beispiele der Maulbeerpflanzer in China ist es sehr vortheilhaft, die zu Mutterſträuchen beſtimmten Exemplare ungefähr einen halben Fuß hoch über dem Boden abzuſchneiden, indem ſie dadurch veranlaßt werden, zahlreiche Zweige aus dem Wurzelſtocke aufzutreiben.

Die Maulbeerpflanzung ſoll in Norddeutſchland nur den Zweck haben, Seidenraupen zu ernähren — es iſt also bei der Cultur dieſer Pflanze die erſte und vorzüglichſte Sorge: ein geſundes und kräftiges Laub in Menge und ſobald als irgend möglich zu erzielen, ohne der Pflanze ſelbſt dabei nachtheilig zu werden. — Hier kommen zwei Fragen in Betracht, nämlich:

1) Iſt eine Baum- oder eine Strauchpflanzung zu dem Zwecke vorzuziehen? — und

2) Wie ſoll das Laub benutzt werden, um dem Leben der Pflanze nicht zu ſchaden? —

Die Frage, ob zum Zweck der Seidenraupenfütterung eine Baum- oder eine Strauchpflanzung am geeignetſten ſich erweiſt — iſt vielfach angeregt und in letzter Zeit durch praktiſche Erfahrungen beſtimmt beantwortet worden, indem man, ohne den Widerſpruch von andern Seiten irgend als gültig und wichtig gelten zu laſſen, ſich mit einer großen Majorität für eine Strauchpflanzung ausgeſprochen hat und in ihr vor der Baumanlage bedeutende, nicht aufzugebende Vortheile erkennt. Natürlich bedarf der Baum zu ſeinem Wachsthume einer ungleich längeren Zeit als der Strauch und damit hängt auch die frühere oder ſpätere Benutzung der Anlage zuſammen. — Während ein Baum wohl 18—20 Jahre alt werden muß, ehe er ſich für den Zweck der Raupenfütterung benutzen läßt, ohne dadurch geſchwächt zu werden, iſt der Strauch ſchon von 5—6 Jahren an völlig nutzbar und nach den Prüfungen, welche Metzger vorgenommen hat, iſt es gerade für Norddeutſchland angemeſſen, die Maulbeeren als Buſch- und Zaunpflanze zu cultiviren, wobei auch noch der Baſt der jährigen Triebe sich besonders zur Papierbereitung und zur Verfertigung von Seilerarbeit eignet. —

Was nun die zweite Frage betrifft, wie man das Laub des Maulbeerbaumes oder Strauches nutzbar machen soll, ohne dadurch der Pflanze selbst zu schaden — so ist hier zunächst zu berücksichtigen, daß in Norddeutschland, wie wohl überhaupt da, wo der Seidenbau erwerbsmäßig betrieben werden und also das Verfliegen der Thiere und das Verstecken der Gespinnste verhütet werden soll — die Fütterung der Thiere auf künstliche Weise erreicht wird, da die Seidenraupe in Zimmern gezogen und gepflegt werden muß.

Während die Seidenraupe in ihrem natürlichen Freiheitszustande von oben bis unten, also von der Spitze der Pflanze bis tiefer herab — die Blätter zur Nahrung benutzt, aber die oberste Blattknospe des jedesmaligen Zweiges unberührt läßt, wodurch diese nun weiter wächst und der Zweig sich vergrößert — ist man, zum Zwecke der Zucht, genöthigt, das Laub vom Baume oder Strauche zu entnehmen und es in das Lokal der Raupenzucht zu bringen. — Ein rohes und unverständiges Entlauben der Maulbeerpflanze würde diese bald ruiniren, es muß daher auch die Laubbenutzung mit einer richtigen Methode geschehen, denn der Unternehmer des Seidenbaues hat auf die Cultur und Unterhaltung der Maulbeer-Anlagen seine erste Sorge zu richten. — Hat man große, ausgewachsene Bäume, so ist das vorsichtige Anschneiden belaubter Zweige am besten, wobei man nur darauf achtet, daß dieses Ausschneiden nicht übermäßig geschieht und wobei man dem einzelnen Baume auch zu Zeiten Ruhe zum gehörigen Nachwuchs der Zweigknospen läßt, damit er nicht durch fühlbaren Blättermangel in Siechthum fällt. Zweckmäßig ist es deßhalb, bald Zweige auszuschneiden, bald aber nur Zweige dergestalt zu entlauben, daß die oberste Blattknospe unverletzt bleibt, indem hier dann der Zweig weiter wächst und neues Laub treibt.

Hat man eine Strauchanlage, so ist das Abstreifeln

des Laubes oder deſſen Abpflücken bei Schonung der
oberſten Zweigknoſpe, das Rathſamſte und wenn die
Anlage ſtark wächſt, ſo kann man dann ohne Schaden
größere Zweige ausſchneiden, um dieſe den Raupen vor=
zulegen.

Die Maulbeerpflanze iſt für die Ernährung der
Seidenraupe noch durch keine andere erſetzt worden, denn
dieſes Thier frißt einmal naturgemäß kein anderes Laub,
und da, wo es aus Noth verwandte oder ſcheinbar zu=
ſagende Pflanzen zur Ernährung ſuchte, wurde doch die
Seide ſehr ſchlecht. — Daß die Seidenraupe Ahorn,
Akazie, Salat ꝛc. fräße — daß ſogar Leute auf dieſe
Nahrung Raupen in Zucht genommen haben, dieſe Be=
hauptungen und Mißgriffe haben nur aus einer völligen
Unkenntniß mit der Sache ſelbſt hervorgehen können.

Andere Stellvertreter des Maulbeerbaumes haben
ſich niemals als nutzbar bewährt und ſelbſt die in neuerer
Zeit von Bonafont angeprieſene amerikaniſche Pflanze
Maclura aurantiaca, die ihrer geringen Empfindlichkeit
gegen Winterkälte wegen allerdings ſcheinbar für das
nördliche Klima empfehlenswerth, hat ſich aber bei allen
damit in Norddeutſchland veranſtalteten Verſuchen als
nicht empfehlenswerth ausgewieſen, da (ganz abgeſehen
davon, daß der Maulbeerbaum ebenfalls für unſer Klima
durchaus nicht zu empfindlich iſt), jene amerikaniſche
Pflanze nicht nur ſeltener iſt, ſondern auch weit langſa=
mer wächſt und nur mit großer Mühe ſich vermehren läßt.

## Die Zucht der Seidenraupe.

Die Maulbeerpflanze iſt die Welt für die Seiden=
raupe und überall da, wo erſtere gedeiht und fortkommt,
da findet auch die Seidenraupe ihre vollſtändigen Le=
bensbedingungen. Um aber mit Nutzen und Erfolg die
Zucht dieſes Thieres im Großen betreiben zu können,
iſt eine genaue Kenntniß vom Leben des Thieres und

von den Naturbedingungen deſſelben das erſte unumgängliche Erforderniß. Die geringſte Unkenntniß in der
Behandlung des Thieres in allen ſeinen Lebensſtadien,
die Vernachläßigung irgend einer Bedingung der Natur
hat nicht nur die ſchlechtere Production der Seide zur
Folge, ſondern vermag den Untergang einer ganzen
Generation, einer ganzen Zucht, nach ſich zu ziehen —
Die Zucht der Seidenraupe, zum Zwecke eines er-
werblichen Erfolges, iſt aber begründet auf eine künſtliche Erfüllung und Ueberwachung derjenigen Lebensanforderungen, welche die Natur dem Thiere im Zuſtande
der Freiheit darbietet und die es inſtinctmäßig ſucht
und erfüllt. Um daher mit Nutzen dieſe Lebensanforderungen des Thieres auf künſtliche Weiſe, das heißt
auf einem willkürlich gewählten Platze und im Zuſtande
thieriſcher Gefangenſchaft, erfüllen zu können, iſt die
Kenntniß von dem Leben des Thieres im Zuſtande der
natürlichen Freiheit — mit einem Worte: die Kenntniß
von der Naturgeſchichte der Seidenraupe, durchaus
nothwendig. Ich laſſe daher zunächſt die Naturgeſchichte
des Thieres in möglichſter Kürze dem Unterrichte
in der Seidenzucht vorausgehen. —

### a. Naturgeſchichte der Seidenraupe.

Die Seidenraupe gehört zu denjenigen Nacht-
ſchmetterlingen, welche man Spinner (Bombyces, oder
Bombycodea) nennt. Nachtſchmetterlinge heißen ſie,
weil ſie Abends nach der Dämmerung ihr am Tage bewohn-
tes Verſteck verlaſſen und dann umherfliegen, — Spinner
aber heißen ſie, weil ihre Raupen bei der Verpuppung
ein Geſpinnſt aus feinen ſeidenartigen Fäden bilden, das
ſie dann ſpäter als Schmetterling durchbrechen. — Alle
Schmetterlinge (Lepidoptera) haben nämlich, wie es wohl
den meiſten Leſern bekannt iſt, mehrfache Verwandlungen im Fortgange ihrer Entwickelung zu überſtehen
(Metamorphoſen), in denen ſie ſich an Geſtalt und Le-
bensverrichtungen bedeutend umgeſtalten. Das Ei ent-

wickelt sich zu der Raupe, welche, sobald sie ihre Reife
und Leibesgröße erreicht hat, sich in eine Puppe
(Larve) verwandelt, in welcher sie sich still und heim-
lich zu dem Schmetterlinge entwickelt, der dann diese
Larvenhülle durchbricht und, nachdem seine Flügel sich
rasch aus ihrer zusammengefalteten Lage ausgebreitet
haben und erstarrt sind, sich flatternd in die Luft er-
hebt. — Dieselben Verwandlungszustände hat auch
der Seidenspinner zu durchleben und die Kenntniß und
Ueberwachung dieser Verwandlungen sind gerade der Gegenstand der Seidenzucht. —

Die Seidenraupe gehört zu den wahren Spinnern
(die Klasse der Spinner zerfällt nämlich in mehre Un-
terordnungen, wie z. B. Hepiolus — wozu der Hopfen-
könig gehört — Saturnia — Gastropacha u. f. w.)
und sie heißt daher besonders mit ihrem Gattungsnamen:
Bombyx. Die Raupen dieser Gattung sind bei allen Arten
nackt, das heißt unbehaart — haben hinten ein kleines
Horn — und der ausgebildete Schmetterling zeigt Flügel ohne augenförmige Flecken und legt im Zustande
der Ruhe diese Flügel dachförmig aneinander.

So wie jede Raupe von der Natur auf eine be-
stimmte Pflanze als Nahrungsmittel vorzugsweise hin-
gewiesen ist, so die Raupe des Seidenspinners auf den
Maulbeerbaum und in der Naturgeschichte wird er daher Bombyx mori — d. h. Maulbeerspinner, genannt. — Die Raupe ist weiß, mitunter bräunlich gefärbt und hat auf dem dritten Leibesringe zwei braune
Kreise, und auf dem elften Leibesringe ein kurzes Schwanz-
horn. Der aus dieser Raupe sich entwickelnde Schmetterling ist 1 — 1¼ Zoll lang und mißt in der ausge-
breiteten Flügelbreite anderthalb Zoll. Die vordern
Flügel sind schmutzig oder gelblich weiß, haben einige
(2 — 3) blaßbraune Querlinien, zwischen denen ein
bräunlicher Halbmond gezeichnet liegt. Der Maulbeerspinner stammt ursprünglich aus Asien, namentlich aus
Persien und China, wo der Maulbeerbaum wild wächst
und ganze Waldungen bildet; er wurde aber schon in

frühen Zeiten im südlichen Europa heimisch, wurde nach Südfrankreich und Süddeutschland übergeführt und lebt in Norddeutschland, unter dem Schutze gegen den Winter, in Zimmern.

Im freien Naturzustande hält sich die Raupe am liebsten auf den höchsten Zweigspitzen des weißen Maulbeerbaumes auf, sucht immer, wo sie sich an Sträuchern findet, die höchsten Punkte und obgleich der Schmetterling nur des Nachts fliegt, so ist die Raupe doch eine große Freundin des Sonnenlichtes, indem sie, sich sonnend, oben auf die Blattfläche setzt und hier fast den ganzen Tag verweilt. Brennende Hitze und Regen scheucht sie dann fort entweder an die untere Blattfläche oder an den Baumstamm. — Die Raupe entsteht aus dem Ei, welches der weibliche Schmetterling (gewöhnlich 4—500 Eier legend) an Stamm und Zweige in die Nähe der Blattknospen, welche im Frühjahre zuerst aufbrechen, geheftet hat. Sobald die ersten Blätter sich entwickelt haben, was mit der wärmeren Witterung geschieht, entschlüpft die zarte, junge Raupe der Eihülle und kriecht in die Höhe, um eins von den obersten jungen Blättern zu erreichen. Hier angelangt überzieht sie dasselbe mit außerordentlich zarten, nur mit der Lupe erkennbaren, glänzenden Fädchen, die dazu dienen, die Raupe selbst festzuhalten, und beginnt dann den Rand des Blattes auszunagen, wobei sie nur immer so viel ausnagt, als zu ihrer Sättigung erforderlich ist und bei jedem folgenden Fraße eine neue Stelle am Blattrande wählt, bis allmälig das Blatt bis auf seine Rippen entfleischt ist. Bei dieser Weise zu fressen, verschont die Raupe instinctmäßig die oberste Blattknospe des Zweiges, denn wenn sie das obere Blatt bis auf die Rippen verzehrt hat, läßt sie sich an einem Faden an ein tieferes Blatt hinab, um dieses ebenfalls auszunagen, und während sie so den Baum von oben nach unten anfrißt, wächst die oberste, unbeschädigt gebliebene Blattknospe und somit der Zweig fort und das Leben der Pflanze bleibt dabei unbeeinträchtigt.

Nachdem die Raupe zwanzig Tage alt geworden ist, hat sie sich schon in dieser Zeit viermal gehäutet, d. h. ihre alte, während der raschen Zunahme der Leibesgröße zu klein gewordene Haut abgestreift, sobald sich bereits vor dieser Abstreifung eine unterliegende neue gebildet hatte. Um diese Abstreifung der Haut zu erleichtern, hat ihr der Instinct gelehrt, mittelst ihrer seidenen Fäden das letzte nachschiebende Fußpaar auf irgend einem Punkte des Blattes oder Stammes, wo sie gerade sitzt, festzuleimen, dann in halbaufgerichteter Haltung und großer unbeweglicher Ruhe das Ablösen der hornartigen Kopfhaut abzuwarten, dann, wenn diese erfolgt, sich durch drängende, zusammenziehende und ausdehnende Leibesbewegungen aus dieser alten Hülle von Glied zu Glied herauszuschieben und wenn die alte Haut bis auf die beiden letzten Leibesringe zurückgedrängt ist, — alsdann durch Vorwärtsgreifen der Vorderfüße gänzlich aus dem alten Balge herauszuschlüpfen. — Daß dieser viermalige Häutungsact ohne Störung und vollständig von Statten gehe, ist sehr wichtig für das fernere Leben der Raupe und daher auch für den Seidenzüchter ein Gegenstand der größten Aufmerksamkeit und eben deßhalb auch zu wissen wichtig. Damit die völlige Abstreifung der alten Haut nicht gestört werde, ist es Bedingung, daß die Anheftung des letzten Fußpaares, welche die Raupe selbst durch ihre seidenen Fädchen bewerkstelligt, nicht gewaltsam abgerissen oder doch unhaltbar gemacht werde. Der Körper der Raupe ist nämlich in der alten zu eng gewordenen Haut förmlich eingeschnürt, tritt er aus derselben heraus, so nimmt er sogleich vermöge seiner Elasticität einen weit größeren Raum ein — bleibt aber die halb abgestreifte Haut auf dem letzten Leibesringe sitzen, dann umschnürt sie den Körper an dieser Stelle wie eine enge, durch Eintrocknen noch enger werdende Ligatur, hemmt die Saft- und Nahrungsbewegung vom vorderen zum hinteren Leibestheile, die Ausleerung wird unterdrückt, die Ernährung stockt, schon binnen zwei Tagen trocknet der ganze hinter der Einschnürung liegende Leibestheil ein und die Raupe stirbt. Um dieses zu verhindern, muß die Raupe in völliger Ruhe gelassen werden, wenn sie sich häutet und wenn sie zuvor etwa 24 Stunden lang, scheinbar wie schlafend, sich unbeweglich hinge= setzt hat. —

Was nun die Ernährung dieser Raupe betrifft, so ist ihr Nahrungsbedürfniß, wie bei allen anderen Rau= pen überhaupt, ein ungeheuer großes, was sich daraus erklären läßt, daß die Raupe eigentlich nur die Freß= und Nährfunktion des ganzen künftigen Schmetterlings= lebens zu erfüllen hat. Der ausgekommene Schmetter= ling frißt gar nichts mehr — er hat keine andere Le= bensfunktion zu erfüllen, als die der Begattung und Geschlechtsfortpflanzung, während die Raupe ebenfalls keine andere Lebensbestimmung hat, als zu fressen und zu verdauen und dadurch die für den künftigen Schmet= terling erforderliche Leibesmasse zu produciren. —

Die Freßbegier und Verdauungsthätigkeit der Sei= denraupe ist daher eine bedeutende; die Quantität der Nahrung, welche sie zu sich nimmt, besonders wenn sie ausgewachsen ist und sich nahe vor dem Zeitraume ihrer Einspinnung befindet, grenzt an das Unglaubliche, wenn man nicht selbst Beobachter davon ist, denn nach den Berechnungen der damit sich beschäftigt habenden Naturforscher, namentlich Malpighi, nimmt die Raupe täglich um ebenso viel Gewicht Nahrungsmittel zu sich, als sie selbst wiegt. Dieses Quantum erscheint dann erst ein großes, wenn man weiß, daß ein ausgewachsener Mensch an Speise und Trank zusammen nur acht Pfunde zu sich zu nehmen pflegt. Diese große Menge der Nahrung bei der Seidenraupe läßt es denn auch nicht auffallend erscheinen, daß sie im Laufe ihrer Ent= wickelung, von dem kleinen $1\frac{1}{4}$ Linie langen Räupchen an bis zu der ausgewachsenen 35—40 Linien langen Raupe, an Gewicht eine 9500malige Vermehrung er= hält. Die Raupe frißt, wie bereits gesagt ist, die Maulbeerblätter, aber für ihren Körper und dessen Stoff

vergrößerung wird nur der Saft der genossenen Blatt=
portionen verbraucht und in die Körpermasse überge=
führt, während die Blattstückchen selbst (das Blattge-
webe) sich unverdaut in den Ausleerungen des Thieres
wieder erkennen lassen.

Jemehr ein Thier an Nahrungsmaterial zu sich nimmt,
um so mehr bedarf es der Zuführung des Sauerstoffes
in seine Körpersäfte, denn dieser ist der Vermittler der
Umsetzung der Speise in Saft und Fleisch des Thieres
selbst. Diese Einführung des Sauerstoffes geschieht durch
das Athmen. Während Menschen und Säugethiere durch
Lungen, Fische und viele andere Wasserthiere durch Kie-
men athmen, geschieht dieses bei den Insekten überhaupt
und so auch bei den Seidenraupen, durch Luftröhrchen,
welche sich durch den ganzen Körper verbreiten und an
den beiden Seiten des Leibes sich in ihren Hauptstämmen
öffnen. Man nennt diese Luftröhrchen der Insecten:
Tracheen und die durch Punkte sich andeutenden Oeffnungen
an den Seiten des Leibes Stigmata. — Alle Raupen
athmen durch dieselben, und zwar um so thätiger, je mehr
und fleißiger sie fressen. Von jedem Stigma (äußerer
Oeffnung der Luftgefäße) führt eine Röhre in einen Kanal,
der in der Länge des Körpers liegt und alle Stigmata
hinter ihrer Mündung mit einander vereinigt. Dieser
Längenkanal jederseits theilt sich nun in der Richtung
nach Innen in drei Haupt-Zweiggruppen, von denen eine
Abtheilung sich in den Ernährungsorganen verästelt,
eine andere Abtheilung sich in die Saftgefäße legt und
diese zweigförmig begleitet, während die dritte Zweig-
gruppe sich in den Muskeln — und da diese in die
Haut der Raupe eingewebt sind — oberflächlich aus=
breitet. Jemehr Sauerstoff aber einem lebendigen Körper
zugeführt wird, desto reger und rascher ist die chemische
Stoffumsetzung und Stoffverbrauchung und um so mehr
verdorbene Stoffe werden ausgedunstet. Diese Aus=
dünstung geschieht durch die in und unter der Haut
liegenden Luftröhrchen, welche mit unzähligen feinen
Poren sich nach Außen öffnen. — Dieser bei allen Raupen

bestehende Lebenszustand findet nun auch bei der Seiden=
raupe Statt; sie haben auf jeder Seite des Leibes der
Länge nach neun Luftlöcher (Stigmata), die sich, be=
sonders, wenn es warm ist und viele Nahrung verdaut
wird, in einem gewissen Takte öffnen und schließen und
wieder öffnen. — Eben, weil die Seidenraupe viel frißt,
so nimmt sie auch eine große Menge Sauerstoff zu sich
und dünstet in Folge dessen eine sehr große Menge ver=
dorbener Luft aus, was für den Seidenwurm=Züchter
zu wissen von Wichtigkeit ist, wie sich später ergeben
wird.

Das wichtigste Organ dieser Raupe für den Zweck
des Erwerbes ist aber das Seidenorgan selbst, welches
alle Raupen der Spinner besitzen. Nämlich zwischen
der unteren Mundlippe und dem ersten Fußpaare befindet
sich eine kleine Erhabenheit, die Spinnwarze genannt,
in der sich zwei Schlauchkanäle nach außen gemein=
schaftlich öffnen. Diese Kanäle führen zu bald engeren,
bald weitern, vielfach um sich selbst gewundenen Blind=
därmen, welche neben den Verdauungsorganen den ganzen
Raum beiderseits im Körper ausfüllen und, wenn sie
auseinander gezogen werden, eine Länge von nahe 14
Zolle betragen. Die Wände dieser geschlängelten Kanäle
sind sehr dünn und in ihnen sondert sich eine Flüssigkeit
ab, welche klebrig, gummiartig, durchsichtig hell — oder
bei den Raupen, welche nicht weiße, sondern gelbe Seide
spinnen — röthlich=gelb erscheint und an der Luft durch
Verdunstung ihrer wässrigen Bestandtheile sehr rasch
erhärtet. In diesem Zustande heißt dieser in feinen
Fäden ausgezogene Saft: Seide. — Um diesen Faden
aus der Spinnwarze zu spinnen, ihn nach Bedürfniß
und Willkür an irgend einem Punkte zu befestigen, be=
dient sich die Raupe ihrer Mundlippen und auch ihrer
ersten Fußpaare.

Hat eine Raupe dieser Art eine reichliche Nahrung
und einen genügenden, äußeren Temperaturgrad, so
entwickelt sie sich schnell zu ihrer völligen Reife, mit
welcher sie dann in den Zustand der Verpuppung über=

geht. Hat sie genug zu fressen und etwa einen Temperaturgrad von 20—22 Graden Réaumur, dann erreicht
sie, vom Durchbruch des Eies an gerechnet, ihre Reife
zur Verpuppung gewöhnlich innerhalb eines Monates —
doch kann eine fältere Temperatur diese Reife immerhin
auf 1—2 Wochen verzögern. — Ebenso, wie sie große
Wärme lieben und bei einer Temperatur von 24 Graden
R. im Freien schon gedeihen, sind sie aber auch gegen
Kälte nicht sehr empfindlich und sie haben dieses mit den
meisten Raupen gemein, von denen namentlich unsere
einheimischen zur kräftigen Entwickelung der Schmetterlinge den Frost ihrer Eier und Puppen fordern. —
Seidenraupeneier können recht gut eine Kälte von 18
Graden aushalten und selbst 3—5 Tage alte Räupchen
vertragen, einen Nachtfrost von 4 Graden R. — was
auch ihrem chinesischen, ursprünglichen Vaterlande ent-
spricht, wo die raschen Temperaturwechsel oft sehr
schroff sind. —

Ist nun die Raupe vollkommen ausgewachsen, so
frißt sie noch eine kurze Zeit lang außerordentlich stark
und scheinbar unersättlich. — Hat sie endlich die letzte
Mahlzeit vollbracht, dann bleibt sie einige Tage unbeweglich auf dem Flecke sitzen, wobei ihre weiße Haut-
farbe mehr und mehr gelblich wird. Dann bewegt sie
sich schwerfällig nach irgend einem nahegelegenen Ver-
steck, wo sie Schutz gegen Witterung und anderweite
Angriffe zu finden sucht und wo sie, falls ihr der Platz
zur Verpuppung zusagt, zuerst, mittelst ihrer Spinn-
organe, einzelne Fäden zwischen 2—3 einander gegen-
überliegenden Gegenständen ausspannt, die als Grund-
lage und Anheftungspunkte der ferneren Verpuppung
dienen, indem sie ein dichteres Gewebe daraus bildet,
welches sie freischwebend tragen kann. Hat sie sich diese
Hängematte vorbereitet, dann beginnt sie, auf derselben
liegend, ihr Gespinnst, welches sie gleichsam als Sarg
umgeben soll. — Sie webt sich dieses Gehäuse aus
einem einzigen, ununterbrochenen Faden, der abgewickelt
an 700 Ellen Länge hat, und dessen Ende da, wo die

Raupe den Kopf hat, in regelmäßigen, rücklaufenden Bogen=Touren der Art gewebt ist, daß die einzelnen Fadenschlingen auseinander geschoben werden können und dabei eine Oeffnung bilden, durch welche der künftige Schmetterling ausschlüpfen kann. — Das Gespinnst, worin die Raupe sich zur Puppe verwandelt, nennt man Cocon.

In der Puppe selbst entwickelt sich das Thier zum Schmetterlinge. Die Zeit, in welcher dieses geschieht, beträgt gewöhnlich beinahe drei Wochen — 19—20 Tage. — Ist der Schmetterling reif, so durchbricht er eines Morgens bald nach dem Aufgange der Sonne seine Hülse und kriecht an irgend einen Gegenstand, an dem er sich so anhängen kann, daß die Flügel herab= hängen. Er bringt nämlich die Flügel nicht fertig mit aus der Puppe, sondern sie liegen zusammengefaltet und feucht, als kleine Stummeln am Rücken und entfalten sich durch allmähliges Einziehen von Säften, die bald in dem feinen Gewebe erstarren und dadurch dem Flügel Härte und Festigkeit geben. — Ist der Schmetterling nun flugfähig geworden, so beginnt er sogleich, wenn die Dämmerung eingetreten, sein bewegliches Leben. Er frißt nicht, denn die Natur verlieh ihm nicht einmal ein Saugwerkzeug für Blüthensäfte, er lebt und nährt sich einzig und allein nur von dem Safte, welchen sein Körper mit aus dem Puppenzustande gebracht hat, und während das Thier im Raupenzustande nur die eine Lebensaufgabe, das Fressen — zu erfüllen hatte, hat es im Schmetterlingszustande keine andere Lebensver= richtung, als sich zu begatten und die Gattung fortzu= pflanzen. Hat der Schmetterling diese Lebensaufgabe erfüllt, dann stirbt er. Sein erstes und letztes Geschäft ist daher die Begattung und — je nach der Menge der Lebenssäfte, die er mit aus der Puppe gebracht hat, stirbt er früher oder später, sobald sein Lebenssaft ver= braucht ist. Das Männchen stirbt oft wenige Stunden nach der Begattung, oft einige Tage später, das Weibchen stirbt oft beim Legen des letzten Eies. — Ein lebens=

kräftiges Weibchen ist fähig, an fünfhundert Eier zu legen. — Diese Eier sind anfangs weiß, doch werden sie, wenn sie wirklich befruchtet sind, durch den Einfluß der Luft und des Lichtes, bald gelblich, röthlich und endlich röthlichblau gefärbt. Sobald sie aber der Luft= und Licht= einwirkung entzogen werden, dann behalten sie ihre weiße Farbe und vertrocknen, womit sie auch zugleich absterben. —

## b. Raupenzucht als Erwerbsmittel.

Die genaue Kenntniß des Naturlebens der Seiden= raupe giebt nun die näheren Bedingungen und Maß= regeln an die Hand, welche die künstliche Zucht dieses Thieres, zum Zwecke eines reichen Gewinnes an guter Seide, erfordert. Eben dieser technische Gewinn hatte schon in frühen Zeiten die Aufmerksamkeit auf das Thier selbst hingelenkt und schon im Jahre 555 hatten zwei Mönche die Seidenraupen=Eier aus China mit nach Constantinopel gebracht, von wo sich die Seiden= zucht im Jahre 1130 nach Italien und 1470 nach Frank= reich verbreitete. Natürlich wurde in jenen Zeiten die Seide noch als ein theurer, mit Gold aufgewogener Gegenstand geschätzt und der Kaiser Heliogabalus wird als der Erste genannt, welcher ein Kleid von reiner Seide (Holoserica) getragen hat und von Marcus Aurelius erzählt man zum Beweise, in welch hohem Preise damals in Rom die Seide gestanden, daß er unter anderen seine seidenen Kleider verkauft habe, um die erschöpfte Kasse des Staatsschatzes zu füllen. So ist es auch historisch, daß Jacob I., als König von Schottland, ein Paar seidene Strümpfe geborgt habe, um sich damit dem englischen Gesandten in einer Au= dienz zu zeigen. — In unseren Tagen hat die Seide diesen Werth nicht mehr, da die Seidenzucht immer allgemeiner und durch richtigere, naturwissenschaftliche Behandlung auch weit einträglicher geworden ist.

Die Behandlung der Zucht, zum Zweck eines reich= lichen Gewinnes an Seide und der zweckmäßigen Er=

haltung der Thiergeneration — ist nun erfahrungs-
mäßig in unserem Klima folgende:

Die von den legenden Weibchen im Juli und Au-
gust erhaltenen Eier läßt man so lange in Luft und
Licht liegen, bis sie ihre röthlichblaue Färbung erhalten
haben; alsdann bewahrt man sie an einem kühlen Orte,
am besten in einem nicht zu feuchten Keller auf bis
zum nächsten Jahre und sobald der weiße Maulbeerbaum
bereits Blätter getrieben hat, die etwa einen viertel
Zoll Durchmesser erreicht haben, bringt man die Eier
sanft und ohne sie zu drücken in ein Zimmer, welches
zwischen 16—19 Grad Wärme (nach dem Réaumur'schen
Thermometer) hat. Hier legt man sie auf Tischen oder
besonderen Unterlagen aus. Sind etwa 9—12 Tage
verstrichen, dann beginnt der Ausbruch der Räupchen,
der etwa in drei Tagen vollendet ist. Am ersten Aus-
bruchtage pflegt die geringste Zahl — am zweiten die
größte Zahl auszukommen. Die am ersten Tage ausgekommenen pflegt man gewöhnlich wegzuwerfen, weil
sie sonst mit denen des dritten Tages ein zu ungleiches
Alter haben und die Zucht erschweren. — Während des
Auskommens der Raupen tritt nun die erste Sorgfalt
des Züchters in Anwendung — man muß nämlich mit
der größten Aufmerksamkeit alle zu verschiedenen Tagen
und alle an einem Tage zu verschiedenen Stunden ausgekommenen Räupchen genau von einander sortiren und
getrennt halten, damit in den verschiedenen Altersklassen
die spätere Häutung möglichst gleichmäßig und gleich-
zeitig eintrete. Das Auskommen der Räupchen aus
dem Ei geschieht immer in den ersten Morgenstunden,
bald nach Aufgang der Sonne. Man hat wohl hier
und dort den Gebrauch, das Zimmer, wo die Eier zum
Auskommen ausgelegt sind, zu verfinstern, indessen ist
dieses durchaus naturwidrig, weil die Raupe im freien
Naturzustande immer im Lichte des Tages zur Welt
kommt und bis zum Einspinnen darin lebt.

Die ausgekommenen Räupchen, die man nach der
Geburtsstunde in Altersklassen sortirt und getrennt hat,

2*

werden nun alsbald mit Futter versehen. — Um hiermit anfangs, wo sie nur kleine Portionen verbrauchen können, sparsam zu verfahren, schneidet man die beim Pflücken ausgesuchten zarten Maulbeerblätterchen in schmale Streifen und streut sie den Thierchen vor. Dieses zerschnittene Futter wird aber leicht und schnell welk und es ist deshalb ein Haupterforderniß, daß man den Räupchen, besonders in den ersten Lebenstagen, von Stunde zu Stunde frisches Futter über das trocken gewordene streut, was jedoch immer in sehr dünnen Lagen geschehen muß, um die kleinen Geschöpfe nicht unter dem trockenen Futterreste zu begraben. — Wenn die Raupen erst so groß geworden sind, daß sie schon stärkere Blätter consumiren können, dann braucht man weniger oft des Tages damit zu füttern, indem diese stärkeren und somit saftigeren Blätter nicht so schnell trocken werden. — Wie gesagt, ist aber in den ersten Tagen die fortwährende Aufmerksamkeit auf stets vorhandenes frisches Blätterwerk unumgänglich nöthig, um sich einen guten Erfolg von der ganzen Zucht zu versprechen.

Am zweckmäßigsten ist es, in dem Zimmer, welches man für die Seidenzucht bestimmt hat, sogenannte „Hürden" zu bauen, das heißt: flache ziemlich große Kasten, in der Form der flachen Cigarrenkasten, in welche man die Eier legt und wo man sie auskommen läßt. Dann bedeckt man den Kasten mit einem überschließenden Rahmen, in welchem Gaçezeug ausgespannt ist, um das Fortkriechen der Raupen zu verhindern. — Dieser, bei jeder neuen Fütterung leicht abzunehmende Rahmen bietet außer dem Vortheile, daß man durch ihn das Verhalten der Raupen beobachten kann, noch den viel größeren dar, daß man den Raupen immer frische Luft zuführen kann; denn nichts ist den Thieren in der gesunden Entwickelung störender, als eine verdorbene, beengte und abgeschlossene Zimmerluft, die schnell durch die starke Ausdünstung der Thiere und des Futters schädlich wird. Es hat wohl bei manchen Seidenzüchtern die irrige Ansicht geherrscht, daß die Seidenraupe

die frische Luft nicht vertragen könne, indessen hat dieses
Vorurtheil schon manche Zucht gänzlich ruiniren helfen.
— Man wird daher gut thun und den Naturbedürf-
nissen der Raupen völlig entsprechen, wenn man täglich
mehrmals die Fenster öffnet, einen Luftzug durchs Zimmer streichen oder auch bei schönem, warmem Wetter die
Fenster offen läßt. — Sind die Raupen größer geworden, bedürfen sie größerer Quantitäten Futter und geben
sie schon mehr Koth von sich, dann ist es besonders
wichtig, daß das alte Futter nicht feucht wird und fault,
sondern rasch vertrocknet und daß der Koth gehörig entfernt wird. Faulendes Futter und Koth verderben die
Luft rasch und um dieses zu verhüten, vertauscht man
die dichteren Gaçedeckel mit solchen, in welchen Netze
eingezogen sind, deren Maschen eng genug liegen, um
das Durchschlüpfen der Raupen zu verhindern, aber weit
genug sind, um das Durchfallen des Raupenkothes zu
gestatten, wenn man den ganzen Kasten umdreht und
sanft schüttelt.

Zweckmäßig hat sich auch ein einfacher Apparat
erwiesen, den ich überhaupt zum Raupenziehen benutze
und der auch bei der Seidenzucht manche Erleichterung
bieten dürfte. — Man fülle einen runden, etwa einen
halben Fuß hohen Kasten (etwa eine abgesägte Tonne) so-
weit mit Sand, daß oben ein freier Rand von etwa
1 Zoll bleibt. In die Mitte dieses runden Behäl-
ters wird ein Medizinglas mit engem Halse so tief ein-
gesenkt, daß es mit dem oberen Rande der Mündung
etwa ⅛ Zoll hoch über die Sandfläche hervorragt. Ein
Papp-Cylinder mit großen Gaçefenstern muß dann so
über den runden Kasten gesetzt werden können, daß er
genau in den freien Rand desselben einpaßt, während
oben der Cylinder mit einem Gaçedeckel verschlossen
werden kann. — Das eingegrabene Medizinglas wird
mit Wasser gefüllt und in dasselbe steckt man die Zweige
der Futterpflanze, welche hier lange frisch und saftig
bleiben, und woran die Raupen gern aufkriechen. —
Will man den Futterzweig erneuen, dann zieht man

den alten aus dem Wasser hervor, steckt den neuen in
das Glas, dessen Wasser man ebenfalls nachfüllt, und
legt den alten Zweig auf den Sand daneben. Sind
die Raupen nun sämmtlich an den frischen Zweig ge-
krochen, dann entfernt man den alten Zweig gänzlich aus
dem Behälter. — Dieser Apparat eignet sich vorzüglich
für die Zucht der bereits herangewachsenen Raupen. —

Man hat nun im Allgemeinen darauf zu achten,
daß die einzelnen „Hürden" nicht von Raupen über-
völkert werden und vertheilt daher die Eier nicht zu
zahlreich in die einzelnen Behälter, da man sonst, nach
den gemachten Erfahrungen, von einem Lothe Eier —
kaum die Hälfte oder ein Drittel der Zahl bis zur Einspinnung bringt. —

Wie schon gesagt wurde, ist es sehr wichtig, daß
man fortwährend die in verschiedenen Zeiten aus dem
Eie gekommenen Raupen in besondere Hürden sondert,
da es sehr wichtig ist, daß die verschiedenen Zeit-Ge-
nerationen sich auch in möglichst gleicher Zeit zur Häutung setzen. — Wenn man nun auch mit großer Sorgfalt die in verschiedenen Stunden aus dem Eie her-
vorgekrochenen Raupen sondert, so zeigt sich doch bald
eine Verschiedenheit in der Entwickelung der einzelnen
Raupen, indem einige in ihrer leiblichen Ausbildung
vorauseilen, andere zurückbleiben. Je weiter die Raupe
entwickelt ist und ihrer Häutung entgegen geht, um so
mehr läßt sie vom Fressen ab und nimmt eine ruhige,
unbewegliche Haltung an. — Sieht man daher in
einer Hürde, daß die Mehrzahl sich zur Häutung an-
schickt, während andere Raupen noch hungrig fressen,
so nimmt man einen frischen, kleinen Maulbeerzweig,
hält ihn den hungrigen Raupen so vor, daß sie darauf kriechen, fängt sie auf diese Weise weg und trägt
sie von dem Zweige in solche Hürden über, wo man
die Raupen hat, die von gleichem Hunger und gleicher
Entwickelung sind. Auch kann man, wo der Entwicke-
lungsunterschied in einer Hürde nicht bedeutend ist,
und wo sich bereits alle zum Häuten festgesetzt haben,

diejenigen Raupen, welche zuerst mit der Häutung fertig sind, so lange warten und ruhig sitzen lassen, bis alle übrigen gleichfalls ihren Häutungsprozeß überstanden haben. — Auf diese Weise bekömmt man eine durchaus für den Seidengewinn wichtige und fördersame Gleichmäßigkeit in die Zucht.

Eine Bemerkung ist hier noch von Wichtigkeit. Es ist nämlich durchaus erforderlich, daß man diejenigen Raupen, welche sich zur Häutung anschicken, indem sie 24 Stunden lang und noch länger unbeweglich sitzen, vollkommen in Ruhe lasse. — Es geschieht dieses von Seidenzüchtern nicht immer, indem sie in der irrigen Meinung, die Raupe schlafe — dieselben aufzuwecken pflegen, was aber immer für die Raupen und ihren Häutungsprozeß störend wirkt.

Wollen sich nun endlich die Raupen einspinnen, so suchen sie irgend einen Gegenstand, der ihr Gespinnst aufnehmen soll. In der Natur wählen sie dazu Zweigwerk und da man bei der künstlichen Zucht immer der Natur nahe bleiben soll, so muß man den Thieren auch sogenannte „Spinnhütten" darbieten. Man erreicht dieses am zweckmäßigsten dadurch, daß man in die Hürden kleine Birkenreiser, entlaubte Heidelbeersträucher oder kleine Haidebüsche befestigt, wohin dann die Raupen kriechen und zwischen den Zweigen ihr Gespinnst anlegen. — Nach 6—7 Tagen ist dann die Arbeit vollendet; je besser die Pflege und Sorgfalt des Züchters war, um so einträglicher und belohnender wird sein Gewinn ausfallen. — Hat man nun die Cocons erhalten, dann muß es des Seidenzüchters vorzüglichste Sorge sein, für das nächste Jahr eine gute, kräftige Generation zu erhalten. Er läßt deßhalb eine gewisse Anzahl der schönsten und vollkommensten Gespinnste ruhig sitzen, damit sich in ihnen der Schmetterling entwickele und — sind die Schmetterlinge hervorgekommen, so hat er zu sorgen, daß die gegenseitige Begattung nicht gestört werde und daß die Weibchen ihre Eier nicht an Orte legen, wo sie nicht alsbald aufgefunden werden können. —

Man thut deßhalb am besten, diejenigen Cocons, welche man für die Zucht des nächsten Jahres zur Schmetter=lingsentwickelung ausersehen hat, in einen großen Gace=schrank zu legen, damit hier die Schmetterlinge sich be=gatten und die Eier gelegt werden — oder doch im Zimmer die Vorkehrungen zu treffen, daß die Schmetter=linge nicht fortfliegen, nicht gestört und die Eier sicher gelegt werden können. —

Alle anderen Gespinnste nun, welche der Seidenzüch=ter nicht für die Fortpflanzung der Generation braucht, sind sein Gewinn und das Mittel seines Gelderwerbs. Er sortirt nämlich die Cocons nach ihrer Güte in gute, mittlere und schlechte Seide — die gute lernt er bald von der schlechten unterscheiden und um dieses zu können, muß er die erste Lage des Gespinnstes sorgfältig ab=zupfen. — Der Cocon besteht nämlich aus drei Lagen. Die äußerste liefert die sogenannte Floretseide. Die zweite (mittelste) Lage die feine Seide und die dritte, innerste Lage die Seidenwatte. Alle drei Seidenarten sind geldeswerth und müssen deßhalb zu Gelde gemacht werden. Deßhalb geschehe das Ablösen der äußeren Floretseide vorsichtig, da man sonst auch die zweite, kostbarste Schicht, die feine Seide, ver=derben würde. —

Ehe man aber hierzu schreitet, ist es nothwendig, zuvor die im Gespinnste befindliche Puppe zu tödten. Man darf auch die Gespinnste nicht zu lange liegen lassen, indem es sonst geschieht, daß der ausgebildete und reife Schmetterling den Cocon durchbricht und beim Ausschlüpfen die Seide zerreißt und ihr kunstgerechtes Abhaspeln unmöglich macht. — Um die Tödtung der Puppe zu bewerkstelligen, legt man die zum Verkaufe bestimmten Cocons in ein Sieb und stellt dieses über einen Kessel, in welchem sich kochendes Wasser befindet. Die aufsteigenden heißen Dämpfe tödten die im Ge=spinnste befindlichen Puppen rasch und sicher und gewähren dabei den wichtigen Vortheil, daß sie die Seide selbst nicht spröde machen und ihr überhaupt keinen Schaden

in Hinblick auf die fernere Verarbeitung zufügen. —
Die Hauptsache ist aber, daß die von den heißen Däm=
pfen feucht gewordenen Cocons sorgfältig in der Luft
wieder getrocknet werden, aber nicht in trockener Hitze.
Ueberhaupt ist die trockene Hitze genau zu vermeiden,
indem dadurch die Seide spröde und für die Fabrikanten
gänzlich unbrauchbar gemacht wird. Aus diesem Grunde
ist auch das Verfahren, die Puppen durch Rösten der
Gespinnste zu tödten, gänzlich unpraktisch und ver=
werflich. —

Was nun die Abhaspelung der Seide betrifft, so
ist es keinem Seidenzüchter, der die Sache nicht im
Großen treibt, anzurathen, selbst die Seide abzuhaspeln,
indem es für ihn nicht vortheilhaft ist, immer eine große
Uebung voraussetzt und eigentlich schon zur Fabrikation
gerechnet werden muß. Indem ich gerade solche Leute
vor Augen habe, welche durch die Seidenzucht, wegen
Mangel anderer Erwerbsquellen, ihren Unterhalt ver=
dienen wollen, kann ich nur rathen, die Cocons, nach
sorgfältiger Ablösung der Floretseide, ohne sich auf die
Abhaspelung der mittleren Schicht einzulassen, zu ver=
kaufen und sie werden bald dafür zahlende Abnehmer
finden. —

Hiermit hätte ich den Zweck dieser Schrift er=
reicht. — Möchten Regierungen und Privatunternehmer
dadurch zur Förderung des Seidenbaues in Norddeutsch=
land aufgemuntert — möchten viele nach Erwerbsquellen
suchende Personen dadurch überredet und belehrt worden
sein, mit Nutzen einen neuen Zweig der Arbeit zu er=
greifen und ihren Unterhalt dadurch zu gewinnen. —
Wer die Seidenzucht verständig betreibt, wird gewiß sein
Brod daraus ziehen und nochmals mache ich darauf auf=
merksam, daß die Seidenzucht in Armenhäusern und
Colonien verarmter Familien eine dauernde und ergiebige
Geldquelle werden kann. —

Druck von Fr. Thiele in Nordhausen.

www.ingramcontent.com/pod-product-compliance
Lightning Source LLC
Chambersburg PA
CBHW031549260326
41914CB00002B/337